PANÉGYRIQUE

DU

BIENHEUREUX J.-B. DE LA SALLE

FONDATEUR

De l'Institut des Frères des Écoles chrétiennes

PRONONCÉ

DANS L'ÉGLISE NOTRE-DAME DE CHATEAUROUX

LE 29 JUILLET 1888

PAR L'ABBÉ A. PACTON

Curé de Saint-Christophe

BOURGES

IMPRIMERIE TARDY-PIGELET

15, RUE JOYEUSE, 15

1888

PANÉGYRIQUE

DU

BIENHEUREUX J.-B. DE LA SALLE

FONDATEUR

De l'Institut des Frères des Écoles chrétiennes

PRONONCÉ

DANS L'ÉGLISE NOTRE-DAME DE CHATEAUROUX

LE 29 JUILLET 1888

PAR L'ABBÉ A. PACTON

Curé de Saint-Christophe

BOURGES

IMPRIMERIE TARDY-PIGELET

15, RUE JOYEUSE, 15

—

1888

PANÉGYRIQUE

DU BIENHEUREUX J.-B. DE LA SALLE

Sinite parvulos venire ad me.
Laissez venir à moi les petits enfants.
MARC, 10.

Jésus-Christ est le type et l'exemplaire de toute sainteté. Sa doctrine, sa parole, ses divins exemples, toutes les prédilections de son âme, et pour ainsi dire tous les mouvements et toutes les pulsations de son cœur ont enfanté des générations de saints.

Il avait aimé le désert et la solitude. Et voici fleurir la Thébaïde, avec les Paul et les Antoine, les Pacôme et les Hilarion. En Occident, saint Benoît devient le patriarche et le législateur d'une innombrable postérité. Notre-Seigneur avait parcouru la Judée et la Samarie en évangélisant les foules ; et voici qu'outre le ministère ordinaire de la parole évangélique, au XIIIe siècle, Dominique de Guzman institue l'ordre des Frères Prêcheurs voué spécialement aux labeurs et aux gloires de l'apostolat. A la même époque, François d'Assise, avec son sac de bure et sa corde aux reins, à l'encontre des mépris du monde et des sarcasmes de l'impiété, lève l'étendard de la pauvreté volontaire et fonde cet ordre sublime des mendiants du Christ. Plus tard, c'est Ignace de Loyola qui répond aux attaques de l'hérésie en jetant aux avant-postes de l'Eglise ses milices toujours vaillantes à la lutte et sans cesse persécutées. Et en face de l'infinie variété des misères humaines, nous voyons s'émouvoir et tressaillir le cœur d'un Vincent de Paul. Puis bientôt, par ses œuvres merveilleuses, par ses innombrables légions de vierges, par la fécondité surhumaine de ses institutions — et, de nos jours encore, par ces créations plus récentes qui portent son nom et s'inspirent de son esprit — il est et demeure toujours dans l'Église le symbole et la personnification de la charité. Quelles gloires, mes frères ! Sont-elles fécondes les paroles du Maître ? Sont-elles efficaces et puissantes les inspirations venues de son Cœur ?

Et cependant à toutes ces gloires, il en manquait une. Une perle manquait — et non la moins brillante — à ce resplendissant diadème de l'Église. Jusqu'ici toutes les misères de l'homme avaient été secourues, toutes les nobles exigences de son âme avaient été satisfaites. Il y avait encore une parole du Sauveur qui n'avait pas porté tous ses fruits : « *Laissez venir à moi les petits enfants* ». Est-ce que vous ne sentez pas dans cette parole des trésors de tendresse ? Elle va tomber dans le cœur d'un homme prédestiné et elle enfantera des prodiges.

Certes, l'Église, qui est le porte-flambeau de Dieu en ce monde, n'avait pas attendu jusqu'à ce moment pour répandre la lumière. La première, elle avait appelé à elle les humbles et les petits. A l'ombre de ses cathédrales, dans le palais de ses pontifes, dans le cloître de ses moines, dans le presbytère de ses pasteurs, elle avait ouvert des écoles, accessibles à tous, mais librement fréquentées, montrant ainsi à ses détracteurs que, loin d'être l'ennemie de la science, elle en avait toujours été le foyer pur et glorieux.

Mais ce qui n'existait pas encore, ce que la Providence tenait en réserve pour les besoins de nos temps, c'était l'éducation populaire élevée à la hauteur d'une institution.

Ce sera la part glorieuse de l'homme incomparable sur le front duquel l'Église reconnaissante vient de déposer la couronne des Bienheureux et que la France chrétienne, dans toutes ses grandes cités, à Reims, à Paris, à Rouen, à Nantes, à Bordeaux, à Toulouse, à Marseille, acclame comme un bienfaiteur de l'humanité et comme un de ses plus illustres enfants. C'est pour vous associer à ce reconnaissant enthousiasme, mes frères, que je vous vois si nombreux, si pressés en ce moment autour de la chaire sacrée ; vous avez voulu donner aux fils du Bienheureux de la Salle ce témoignage de sympathie pour l'œuvre de leur immortel fondateur. C'est à ce héros de l'enseignement chrétien que, par reconnaissance aussi pour ses fils qui furent mes premiers maîtres, j'ai promis d'apporter aujourd'hui l'humble tribut de ma parole. La tâche est lourde, mes frères, et je n'ai jamais eu si vif et si profond le sentiment de ma faiblesse. Mais si je compte sur la grâce divine, permettez-moi aussi de compter sur votre bienveillance pour m'en alléger le fardeau. Oui, j'aime à me persuader que ma parole réveillera dans vos âmes de sympathiques échos quand je vais saluer, devant vous, dans le Bienheureux Jean-Baptiste de la Salle l'homme de Dieu, l'homme de l'Église, l'homme de la patrie, et à ces divers titres le modèle incontrefaisable de l'éducateur chrétien. *Ave Maria.*

I

C'est à Reims, à l'ombre du baptistère de saint Remi, au berceau même de la France chrétienne, que naquit Jean-Baptiste de la Salle. Et à quel moment apparait-il au monde ? En 1651, au milieu des splendeurs du grand siècle, aux premiers rayons de la gloire de Celui que l'on a appelé le Roi-Soleil. Mais déjà, en prêtant l'oreille, dans certaines régions élevées, on eut entendu souffler le vent de la licence et de l'impiété et monter ce flot impur qui devait submerger le XVIIIe siècle et aboutir à une mer de sang. Plus que jamais les hommes de foi allaient devenir nécessaires.

A l'illustration de la race, la famille du Bienheureux joignait celle des services et la noblesse supérieure de la foi chrétienne. Plusieurs de ses ancêtres avaient porté glorieusement l'épée. Son père, conseiller au présidial de Reims, appartenait à cette vieille magistrature française dont le renom n'avait jamais été terni, dont l'hermine était restée immaculée. Sa mère était une de ces grandes chrétiennes, communes alors, au cœur généreux, à l'intelligence largement ouverte et d'une religion à la fois douce et éclairée.

C'est au milieu de cette atmosphère d'honneur sans tache, de foi robuste, de piété tendre que s'écoulèrent les premières années de celui qui, s'il ne fut pas, comme ses ancêtres, un soldat du roi, devait être un chevalier de Dieu.

Il était l'aîné de sept enfants dont quatre se consacrèrent, soit à la vie religieuse, soit au service des autels.

De bonne heure apparurent en lui les signes de la vocation : une piété grave, une foi ardente, le goût des cérémonies saintes et des offices de l'Église. Son biographe note encore ce trait charmant : Il se plaisait à construire des oratoires, de petites chapelles et, selon l'usage en honneur parmi les grands chrétiens de ce temps-là, à réciter le bréviaire avec son aïeul maternel. J'aime à penser, mes frères, que vous trouvez, comme moi, des charmes à ces détails.

C'est à ces marques que l'on reconnait les élus de Dieu. Et si, par ces humbles commencements, il était permis de pressentir l'avenir, ne pourrait-on pas dire de cet enfant comme du premier Jean-Baptiste : « *Il sera grand devant le Seigneur, car la main du Très-Haut est sur lui*. »

Oui, désormais, la main de Dieu va le conduire et par des voies où il sera impossible de méconnaître sa toute puissante action.

Confié tout jeune encore à l'Université de Reims, il marque son passage par la vivacité de son intelligence, son amour pour l'étude, le sérieux de son caractère et les agréments de son commerce.

Mais l'appel divin s'accentue davantage et devient plus pressant. Fidèle à la voix du Ciel, comme Samuel, il se consacre à Dieu par la tonsure et franchit ainsi le premier degré du sanctuaire... Il a seize ans, quand le chancelier de l'Université, son parent, brisé par l'âge et sentant déjà la mort venir, eut la pensée — comme cela se pratiquait alors — de résigner en sa faveur son canonicat. Peu de temps après, le jeune lévite entrait au séminaire de Saint-Sulpice, cette pépinière des grandes vocations sacerdotales, proclamée récemment par Léon XIII dans le décret de Béatification : « une illustre école de science et de vertu ». Il est inscrit sous cette formule au registre d'admission : Jean-Baptiste de la Salle, acolyte et chanoine de Reims.

Il passa moins de deux ans dans cette pieuse retraite, au milieu des souvenirs toujours vivants du saint fondateur, M. Olier, et sous l'habile et paternelle direction du vénérable M. Tronson.

Mais voici que l'épreuve va commencer pour lui. Coup sur coup deux deuils cruels lui brisent le cœur : la perte de sa mère d'abord, puis, moins d'un an après, celle de son père. Son devoir d'aîné le rappelle à Reims pour régler les affaires de la famille et pourvoir à l'éducation de ses jeunes frères.

En face de cette charge que vient de lui imposer la Providence, en face des appels d'en haut, que va-t-il faire ? Il a un moment d'incertitude pénible, d'hésitation pleine d'angoisse. La voie de l'obéissance lui paraît la plus sûre. Il consulte un homme de grande expérience et de haute vertu, M. Roland, chanoine théologal de Reims. Bientôt les doutes sont levés, les perplexités évanouies et, le 9 avril 1678, Jean-Baptiste de la Salle recevait des mains de Mgr Le Tellier, dans la cathédrale de Reims, l'onction sacerdotale. Le voilà prêtre ! Je vous avais annoncé l'homme de Dieu, le voilà ! Ne sentez-vous pas de plus en plus que la main de Dieu est sur lui ? « *Manus Domini cum ipso est* ».

Oui, pour les grandes choses que nous contemplons, que nous admirons, voilà l'instrument ! Et il n'est pas inutile d'en faire la remarque : instrument encore inconscient ; car l'œuvre à laquelle il doit travailler, se dévouer corps et âme pendant quarante ans, il ne la connaît pas, elle ne lui a pas encore été révélée. Bien mieux, pour tenir dans l'humilité l'ouvrier de ce grand dessein, ce n'est pas à lui directement que Dieu donne l'illumination, elle lui vient du dehors ; c'est de Rouen que jaillit la lumière. Et elle lui arrive, ô profondeur des conseils divins ! elle lui arrive par l'entremise d'une femme, jadis mondaine, maintenant convertie. Des écoles chrétiennes viennent de s'établir à Rouen par les soins d'un religieux minime, le P. Barré. Témoin du bien qui en résulte, une héroïque pénitente, Mme de Maillefer, originaire de Reims, veut doter sa ville natale d'un semblable bienfait. Des démarches sont faites auprès de M. de la Salle. L'homme de Dieu réfléchit, prie, consulte et bientôt le germe d'une grande œuvre est semé ; une école gratuite de garçons est ouverte ! Ah ! maintenant la voie est tracée, la mission est manifeste, l'avenir se dévoile devant M. de la Salle. Non pas, certes, que son œuvre lui apparaisse tout d'une pièce, dans son plein et total développement ; ce n'est pas ainsi que Dieu travaille. Mais l'offre de Mme de Maillefer a été un trait de lumière ; la main de Dieu est visible ; l'irrésistible vocation est là.

Mais devant cette œuvre immense de l'éducation chrétienne des masses populaires, qu'est-ce qu'un homme, mes frères, un homme si bien doué soit-il ? Ah ! certes, si l'homme était seul, je le reconnais, ce ne serait rien. « *Nisi Dominus œdificaverit domum, in vanum laboraverunt qui œdificant eam.* » Mais si Dieu travaille avec lui, s'il l'anime de son souffle, s'il le pénètre de son esprit, s'il lui met au cœur une foi profonde, ardente, inébranlable, cette foi qui transporte les montagnes, qui transforme les obstacles en moyens, de quoi un tel homme ne serat-il pas capable ? Cette foi, mes frères, dont la semence a été déposée dans l'âme de l'enfant par le saint baptême, vous l'avez vue grandir et se développer au sein de la famille, puis au Séminaire, enfin dans le temps de préparation aux saints ordres. Elle est prête maintenant à tous les héroïsmes et à toutes les épreuves. C'est là le levier avec lequel il va soulever le monde, ce monde d'ignorance et de préjugés populaires qu'il a reçu mission de combattre et contre lequel il va organiser toutes ses légions.

Et cette foi héroïque, indispensable aux grandes œuvres, où en puise-t-il, je vous le demande, le perpétuel aliment? Dans la prière et la mortification.

Il y a peut-être des gens que cela fait sourire d'entendre compter la prière et la mortification au nombre des plus grandes forces de ce monde! Et cependant rien n'est plus vrai. Oui, la prière c'est la force des faibles ; c'est aux mains de l'homme la puissance même de Dieu ; c'est l'arme toujours triomphante, absolument invincible. Il le savait, il le sentait, notre Bienheureux. Aussi, malgré les mécomptes, malgré les épreuves — et Dieu sait s'ils lui furent épargnés — sa suprême ressource, son inébranlable espérance est dans la prière. A peine a-t-il établi ses premières écoles à Reims, à Paris, que de toutes parts des difficultés éclatent. Tout semble conspirer contre lui: l'ingratitude des hommes et la trahison des choses. Ses premiers disciples sont moissonnés par la mort, d'autres sont infidèles à leur mission. La calomnie noircit de son impur venin la vie sans tache du saint fondateur. Des procès sans nombre lui sont intentés par la jalousie déloyale de prétendus concurrents lésés : procès des maîtres d'écoles, procès des maîtres écrivains, procès devant les grands chantres, procès devant les lieutenants de police, procès devant le Parlement. Il est condamné devant toutes les juridictions; tous ses procès sont perdus, et, comme l'a dit un grand évêque, il ne devait gagner que celui de sa Béatification.

A Paris — voyez comme les temps se ressemblent — ses écoles sont crochetées, les élèves dispersés, les maisons saccagées, lui-même réduit à fuir. Eh bien ! au milieu de tant de tribulations et pour ainsi dire devant l'écroulement de son œuvre, est-il ébranlé, s'abandonne-t-il au découragement, perd-il confiance? Non, mes frères; s'il ne peut compter sur les hommes, si les événements semblent tourner contre lui, n'importe: il a foi en sa mission, rien ne le déconcerte. Et il redit avec saint Paul la parole qui triomphe de tous les obstacles : « *Si Deus pro nobis, qui contra nos?* » C'est alors qu'il pousse vers Dieu ces cris de l'âme auxquels rien ne résiste; c'est alors que, dans la cathédrale de Reims, on le voit, le front dans la poussière, rallumer, sur le tombeau de saint Remi, la flamme de son zèle et l'ardeur indomptable de ses résolutions. Un jour, deux visiteurs l'aperçoivent prosterné au pied d'un autel. « Voyez ce pauvre abbé de la Salle, il est en train de perdre l'esprit. » Oui, en effet, il était en train de perdre l'esprit du monde, de se dépouiller de l'esprit propre, pour ne plus agir que par l'esprit de Dieu. « *Qui spiritu Dei aguntur, ii sunt filii Dei.* »

Ce n'est pas tout, chrétiens. La Salle est le disciple d'un Dieu crucifié, d'un Dieu immolé pour le salut du monde. Il sait qu'aucune grande œuvre ne s'est jamais fondée que sur le sacrifice. A toutes les épreuves venues d'en haut ou suscitées par les jalousies d'en bas, il joindra l'immolation volontaire — cette chose inconnue avec laquelle ne sont pas encore parvenus à nous familiariser dix-neuf siècles de christianisme — qui porte un grand nom dans la langue chrétienne ; j'ai dit : la mortification. Oui, c'est là la grande victoire des saints, celle qui les rend capables de toutes les autres. Le corps doit être un esclave sous peine de devenir le plus insupportable et souvent le plus ignominieux des tyrans. Avant de triompher des obstacles extérieurs, il faut triompher de soi-même ! Aussi quel prodige de mortification que le Bienheureux de la Salle ! et quelles leçons il nous donne ! Quoique d'une complexion délicate et habitué dans sa jeunesse à une vie somptueuse, il bénit Dieu devant une table indigente où il n'a souvent à partager avec ses disciples que le pain et l'eau. — Il est heureux de coucher sur une planche. — Et un jour que, par mégarde, on lui a servi un plat d'absinthe, il le mange sans manifester aucune répugnance ni trahir la moindre émotion.

Je vous épargne le récit d'autres pénitences effrayantes : les cilices, les haires, les ceintures garnies de pointes, les disciplines sanglantes par lesquels il matait son corps et le réduisait en servitude ! Cela ferait frémir votre délicatesse ! J'en ai dit assez, du reste, pour vous indiquer le secret de sa force et vous montrer à quel point il était l'homme de Dieu !

Vous êtes, mes chers frères, la postérité spirituelle du Bienheureux de la Salle. Vous devez être, à son exemple — et je salue en vous — des hommes de foi, de prière et de mortification. Gardez cette auréole même aux yeux de nos générations incroyantes ; rappelez-vous qu'elle est votre force, votre défense, votre meilleure gloire et que vous trahiriez votre mission s'il en était autrement !

L'éducation de la jeunesse — qu'on le veuille ou non — est une œuvre religieuse. Quel que soit l'habit qu'il porte, le véritable éducateur doit être un homme de foi, c'est-à-dire un chrétien. Et qu'on ne m'oppose pas ici le mot de neutralité. — Neutralité, c'est nullité. — Les gens neutres sont des gens nuls, a dit avec esprit un de nos hommes d'État. Ce n'est qu'avec une conviction profonde et une foi éclairée que l'on illumine l'esprit, que l'on trempe le caractère, que l'on forme la conscience, en un mot que l'on élève les âmes : « *Credidi propter quod locutus sum.* »

J'aime le gracieux et parlant symbole que vous a légué votre illustre fondateur. C'est une étoile — oui, un astre qui brille et qui éclaire — et pour qu'on ne se méprenne pas sur cette lumière, il a écrit en exergue : « *Signum fidei.* » C'est le signe de la foi !

Et voilà comment, chrétiens, pendant sa longue et

tourmentée carrière, le Bienheureux de la Salle a toujours été l'homme de Dieu — par la foi. Voyons maintenant comment il s'est montré l'homme de l'Église — par l'obéissance.

II

C'est un préjugé, aussi faux que répandu, de considérer l'Église comme une institution purement humaine. Établie pour être médiatrice entre le ciel et la terre, entre Dieu et les hommes, elle sera à la fois divine et humaine : divine, par les grâces surnaturelles qu'elle confère, par les sublimes pouvoirs qu'elle exerce, par les mystères adorables dont elle a reçu la dispensation ; humaine, parce qu'elle devra emprunter à l'humanité ses éléments terrestres, ses instruments visibles. Mais trop souvent, hélas ! les yeux charnels s'obstinent à ne voir en elle que le côté humain, avec les taches et les défaillances, on pourrait dire, inévitables. Pour les yeux illuminés du cœur, l'Église a été fondée de main divine. C'est Jésus-Christ qui l'a posée lui-même, au milieu des peuples et des temps, pour perpétuer, en ce monde, son œuvre d'illumination et de sanctification. Elle est la dépositaire et la gardienne des révélations célestes. Assistée d'en haut, elle porte entre ses mains le flambeau indéfectible de la vérité. Elle est la colonne de lumière aux lueurs de laquelle l'humanité accomplit son pèlerinage dans le désert de cette vie. Comme autorité, l'Église est la plus haute qui puisse s'exercer en ce monde. C'est au nom de Dieu qu'elle commande et ceux qui lui obéissent honorent leur obéissance en la faisant remonter jusqu'à Dieu. Voilà ce que croient et professent tous les catholiques, tous les véritables enfants de l'Église. Car, à nos yeux, l'Église est une mère, mère qui doit être religieusement obéie et passionnément aimée ! Eh bien ! par ce que nous connaissons déjà du Bienheureux de la Salle, il nous est facile de supposer quelle soumission filiale, quel profond attachement il dut professer pour la sainte Église. Quand Dieu voulut l'appliquer à l'enseignement chrétien des classes populaires, il était déjà prêtre ! Il appartenait à l'Église par la consécration sacerdotale, par la hiérarchie. N'est-il pas permis de voir là une intention de la Providence de rattacher fortement à l'Église, par la vocation même et l'état de son pieux fondateur, l'Institut des Frères des Écoles chrétiennes ? Aussi, mes frères, n'en doutez pas, comme il fut partout et toujours l'homme de Dieu, le Bienheureux de la Salle, en toute circonstance, saura se montrer l'homme de l'Église. C'est à l'Église qu'il demandera toujours ses lumières ; c'est d'elle qu'il voudra recevoir toujours ses directions. Dans cette œuvre si laborieuse, si épineuse de ses fondations, au milieu des difficultés sans nombre qu'on lui suscite de toutes parts, de qui prend-il conseil ? de l'Église. Il consulte des prêtres éclairés, M. Roland, le P. Barré, qui ont sa confiance. Il s'adresse à son évêque et remet tout à sa décision. N'est-ce pas là la conduite d'un fils soumis de l'Église ?... Tout au début de son œuvre, Dieu, pour éprouver et grandir son obéissance, permit qu'il trouvât un obstacle dans ce qui devait être pour lui une ressource. D'après les calculs de la prudence humaine, rien n'est plus favorable au succès d'une œuvre que les titres, les dignités, les distinctions honorifiques unis à la puissance de l'or. Jean-Baptiste de la Salle possède un beau canonicat doublé d'un riche patrimoine. Quelle bonne fortune pour un fondateur ! Eh bien ! ce qui semblait devoir lui attirer la confiance, éloignait et décourageait ceux qui s'étaient associés à son dessein. La comparaison et par suite le contraste de sa richesse avec leur dénûment les humiliait, les exaspérait, et un jour qu'il leur recommandait la confiance en Dieu, ils lui laissèrent entendre que la confiance était facile à qui était sûr de ne manquer de rien. Cette plainte amère lui ouvre les yeux et le fait entrer dans la voie du dépouillement absolu. Il prie, il cherche des lumières, il consulte son directeur. Tout d'abord il veut renoncer à son canonicat et aux revenus qu'il lui assure. Mais voici que cette résolution ameute contre lui sa famille et ses amis. On l'accuse d'imprévoyance et de courte vue. On le traite d'insensé. Rien de tout cela n'est capable de l'ébranler. Une seule chose le touche, c'est l'opposition de l'Évêque à son projet. Il ne croit pas pouvoir passer outre à cette volonté de son supérieur ecclésiastique. Seulement il s'adresse à Dieu par des larmes et des prières et bientôt Dieu récompense l'obéissance de son dévoué serviteur. La volonté de l'Évêque est changée — les vues du Bienheureux sont devenues les siennes — la démission est acceptée — et Jean-Baptiste de la Salle abdique son canonicat en faveur d'un humble prêtre qui était loin de s'attendre à cette dignité. Je salue ce premier triomphe de l'obéissance. « *Vir obediens loquetur victoriam.* »

Le sacrifice n'est pas complet. Après avoir renoncé aux honneurs, il va falloir renoncer aux biens. Après le canonicat, le patrimoine. Là surtout la famille s'indigne ; les prudents, les avisés interviennent dans l'intérêt même de l'œuvre et de son avenir. Rien n'en assurera la durée comme un revenu stable, comme une fondation. Le Bienheureux consulte son oracle, le P. Barré. L'homme de Dieu conseille le dépouillement. Il ne faut rien mettre de périssable à la base d'une institution qui doit durer toujours, et donnant à sa pensée un tour original et piquant : « Si vous fondez, dit-il, vous fondrez ! »

Aussitôt la résolution est prise. Il donnera ses biens aux pauvres. L'occasion s'offrit comme d'elle même. Un fléau terrible désolait en ce moment la Champagne ; la famine sévissait dans toute son horreur et faisait affluer vers Reims des troupes d'affamés et de mendiants. Le Bienheureux tenait porte ouverte à tout venant et toutes les misères étaient assurées de trouver près de lui bon accueil. Nuit et jour, pendant de longs mois, il ne cessa de distribuer les secours et les aumônes et il le fit si largement, que ses ressources, à la fin, se trouvèrent épuisées. Quand, à son tour, il se sentit pauvre, il éprouva je ne sais quel tressaillement intime, et bénit Dieu de ne plus posséder que lui seul. A quelque temps de là, il voyageait lui-même en mendiant, et un soir, après avoir essuyé maint rebut, tombant de fatigue et d'inanition, il mangeait à genoux, en l'arrosant de ses larmes, le morceau de pain noir que lui avait donné une pauvre femme. Saluons encore une fois, mes frères, ce nouveau triomphe de l'obéissance. « *Vir obediens loquetur victoriam.* »

Telle fut la soumission du Bienheureux de la Salle envers les ministres sacrés et les pasteurs de l'Église ; et cette soumission lui tient tellement à cœur qu'il en fera la recommandation à tous les membres de son Institut.

Mais l'Église, ici-bas, se concentre et se personnifie dans son chef, le Souverain-Pontife, et, selon l'expression de saint Grégoire : « *Ubi Petrus, ibi Ecclesia* ». Le Bienheureux de la Salle ne connaît pas d'autre doctrine, il voit dans Rome la source de toute autorité ; aussi considère-t-il comme un devoir d'envoyer au pape Clément XI une députation pour lui exposer le dessein de son Institut et lui en soumettre les règlements. Chose étrange ! cette filiale soumission à l'Église et à son chef devait être pour lui l'occasion des plus mortels déboires, de ses plus odieuses persécutions.

L'Église de France traversait alors une des crises les plus perfides et les plus dangereuses de son histoire. L'hérésie de Jansénius, propagée par de hardis novateurs, avait infiltré ses poisons au sein même de l'Eglise. Vous connaissez, mes frères, cette froide et désolante doctrine qui comprime les âmes, décourage tout bon vouloir, terrorise les consciences, détruit la liberté et tue l'amour. Cette hérésie déloyale et cauteleuse, qui se dérobait aux anathèmes du Saint Siège par des subtilités bysantines et les plus misérables subterfuges, avait à son service, outre la science du grand Arnault et la plume de Pascal, les patronages les plus puissants. Ah ! Bienheureux de la Salle, quelle fortune pour votre œuvre ! disons plutôt, mes frères, quel danger ! Oui, s'il avait voulu pactiser avec la coterie, entrer dans les cabales, fomenter la révolte, les ressources et les appuis humains ne lui eussent pas manqué. On eut payé son adhésion bien cher. Le prestige de son nom, l'ascendant de sa vertu, la puissance d'organisation de son œuvre, tout cela tentait la secte ; elle eût voulu accaparer à son profit tous ces éléments de succès. Aussi pour le gagner tous les moyens sont bons : la séduction et la violence. Des propositions lui sont faites — il les repousse ; des menaces lui sont adressées — il les méprise. Ah ! tremblez, la Salle, vos ennemis sont puissants, ils sont acharnés, et pour vous perdre ils ne reculeront devant aucune extrémité. Pendant quarante ans, il fut en butte à la haine et à la persécution de ces affreux sectaires. On le noircit par la calomnie, on le diffama par des libelles, on l'accusa de quiétisme, on le dénonça à l'autorité ecclésiastique ; il fut flétri par la censure de son évêque ; on indisposa ses frères contre lui ; on jeta le désordre, on souffla la révolte dans ses communautés ; on lui suscita tous les procès que vous savez ; on s'acharna contre lui jusque sur son lit de mort...

Eh bien ! si quelque chose surpasse toutes ces fureurs, c'est l'imperturbable sérénité du Bienheureux. Au milieu de tous ces orages et de toutes ces tribulations, il demeure calme, gardant vis-à-vis du Pape et de l'Église la gloire d'une fidélité inviolable, d'une soumission à toute épreuve, et par dessus tout, comme dit Bossuet, tenant à honneur son obéissance !... Jusqu'à la fin, on voulut le transformer en adversaire de la Constitution, l'enrôler parmi les appelants de la Bulle *Unigenitus*. Vains efforts ! Son dernier mot fut toujours celui de saint Augustin : « Rome a parlé, la cause est finie ! »

Ah ! si le Bienheureux de la Salle n'avait pas été à ce point l'homme de l'Église, s'il n'avait pas veillé avec ce soin jaloux sur le berceau de son Institut, pour le préserver du contact impur de l'hérésie, où seriez-vous maintenant, mes très chers frères ? Vous eussiez été emportés, balayés, comme tant de choses, par la tempête du dernier siècle et il ne resterait de vous qu'un souvenir sans honneur. Ce qui vous a protégés, ce qui vous a sauvés, c'est votre attachement, c'est votre soumission à l'Église et voilà ce qui rendra aujourd'hui encore et toujours, malgré les attaques et les persécutions, votre œuvre populaire et votre Institut immortel. Oui, à l'exemple de votre pieux fondateur, vous devez être les hommes de l'Église, attentifs et soumis à toutes ses directions. Quand Rome parle, quand Rome réprouve, quand Rome condamne, réprouvez et condamnez avec elle. Il y a des doctrines qu'elle flétrit, il y a des livres qu'elle stigmatise, sachez en détourner les âmes dont vous avez la garde. Soyez toujours fidèles à cette noble mission et n'oubliez jamais que cette obéissance aux enseignements de l'Église occupe le premier rang parmi vos devoirs d'éducateurs chrétiens. En travaillant pour l'Église, vous travaillerez pour la France ; en formant de bons chrétiens, vous formerez de bons citoyens : semblables en cela à votre illustre fondateur qui, après avoir été l'homme de Dieu par la foi, l'homme de l'Église par l'obéissance, va nous apparaître maintenant l'homme de la patrie par le dévouement.

III

Le dix-septième siècle était à l'apogée de sa gloire ! Dans tous les domaines de l'esprit et du génie, dans les lettres et dans les arts, dans tous les ordres de la pensée, il jetait un éclat incomparable. Pour faire trembler l'Europe, pour défendre ou reculer nos frontières, il avait l'épée de Turenne et de Condé, déjà illustrée par vingt victoires. Le ciseau et le pinceau d'artistes éminents semblaient animer le marbre et faire parler la toile. A la grave élo-

quence de notre Bourdaloue la chaire chrétienne voyait succéder les éclats de foudre de Bossuet. Fénelon faisait revivre tous les charmes et toutes les séductions de la Grèce antique et portait jusqu'au pied du trône les sages conseils, les utiles leçons sous le couvert de sa prose harmonieuse. La poésie chantait avec Corneille et Racine, associant à la mâle vigueur du premier la douceur enchanteresse du second. Grands capitaines, grands hommes d'État, grands écrivains, grands orateurs, grands poètes, grands artistes, tout cela, messieurs, faisant cortège au grand roi! Quel siècle, quelle civilisation! et quand on compare, quelle France!

Le Bienheureux de la Salle ne s'était pas laissé éblouir par les splendeurs du grand siècle et, sous les brillants dehors de cette civilisation, son œil avait découvert des misères dignes d'une immense pitié. Il y avait dans les bas-fonds de cette société élégante un peuple en proie à l'ignorance et par cela même à la corruption. Bien des foyers avaient été dévastés par les guerres et par la famine et un grand nombre d'enfants étaient demeurés orphelins. C'était un spectacle navrant de misères physiques et morales! Mais, plus encore que le pain matériel, ce qui manquait à ces déshérités, c'était le pain de l'intelligence, c'était la bienfaisante lumière de la religion. On était là en présence de détresses lamentables. « *Parvuli petierunt panem et non erat qui frangeret eis.* » Qui donc descendra dans ces réduits et dans ces caves? qui donc fera pénétrer jusqu'à ces âmes le rayon consolateur? Chose digne de remarque! le cœur qui s'émeut devant cette misère des enfants du peuple, devant cet abandon des petits, bat dans la poitrine d'un gentilhomme appartenant par sa naissance à la haute société du temps. C'est un chanoine d'une illustre Métropole, c'est un docteur de la Faculté de théologie qui va se faire maître d'école et enseigner l'ABC aux petits enfants.

Tout d'abord cela paraît, en soi, bien peu de chose

et il y a pourtant là une inspiration supérieure, une conception d'une originalité puissante, une des plus glorieuses manifestations de la vie de l'Eglise et incontestablement un des plus utiles services qui aient été rendus à la société.

Remarquez d'abord l'opportunité merveilleuse de cette création. Elle apparaît deux siècles après la découverte de l'imprimerie. Je n'ai pas à vous signaler l'extraordinaire importance de ce grand fait. Une vraie révolution a été accomplie dans le monde des idées. L'esprit humain, au souffle rajeuni de l'antiquité classique, a semblé prendre un nouvel essor et s'est jeté — bien souvent à l'aveugle, il faut en convenir — dans toutes les directions de la pensée. La science est descendue des sommets pour pénétrer les couches populaires. Le livre est venu solliciter et enflammer les esprits curieux et les imaginations en éveil. C'est la vulgarisation des connaissances et du savoir. Pensez-vous que les masses populaires n'eussent pas besoin d'y être préparées?

D'un autre côté, l'œuvre du Bienheureux de la Salle précède d'un siècle la Révolution française, c'est-à-dire l'évènement le plus considérable des temps modernes et peut-être de notre histoire. C'est le commencement d'un nouvel ordre de choses, c'est l'avènement des classes populaires à la vie publique. Eh bien ! n'est-il pas permis de voir l'éclatante intervention de la Providence divine dans cette œuvre du Bienheureux de la Salle destinée à éclairer et à pénétrer de la sève chrétienne cette démocratie émancipée qui mêle à des rancunes sans motifs et à des colères insensées de nobles et généreuses aspirations? Tout à l'heure nous avons salué d'un souvenir ému et avec la fierté du patriotisme les gloires du grand siècle ; eh bien ! je ne crains pas de l'affirmer, parmi ces œuvres du génie, il n'en est pas de plus grande, de plus utile, de plus patriotique et de plus française que celle de Jean-Baptiste de la Salle. Et quelle est-elle donc cette œuvre ?

Ah ! mes frères, ai-je besoin de vous le dire? Regardez, regardez ! Elle est sous vos yeux. C'est l'œuvre de l'éducation populaire et chrétienne de notre jeunesse.

L'Institut du Bienheureux de la Salle, dans la pensée de son fondateur, n'est pas destiné à la formation des classes riches et opulentes de la société ; — depuis longtemps cet enseignement était organisé et fonctionnait avec honneur. — Il est destiné à l'enfant du peuple, au fils de l'ouvrier, qu'il habite une échoppe ou une mansarde, un taudis ou un grenier. Certes, c'est bien là une pensée éminemment chrétienne, une inspiration puisée aux plus pures sources de l'Évangile. Ce n'est pas la doctrine des philosophes de ce temps-là. Pour eux, l'instruction était le privilège réservé aux classes supérieures. « Le peuple, disait Voltaire, le coryphée des beaux esprits, le peuple ne doit pas être instruit, mais conduit. — Ce qu'il lui faut — au nom de l'Evangile et du respect à la dignité humaine, je vous demande pardon des outrages de cet insulteur — ce qu'il lui faut, c'est un aiguillon, un joug et du foin. » Ah ! entre celui qui tient cet odieux langage et le Bienheureux de la Salle, oui entre ces deux hommes, je vous le demande, quel est le véritable ami du peuple, quel est le bienfaiteur de l'humanité ?

Mais cet enseignement destiné aux enfants des classes populaires quelle en sera l'étendue, quelle en sera la méthode? Humainement parlant, c'est là qu'était l'écueil et c'est là que se manifeste surtout le bon sens supérieur, l'esprit pratique du pieux fondateur. De ces enfants qui seront demain les ouvriers de la glèbe ou de l'atelier, il comprend qu'il ne s'agit pas de faire des lettrés ou des savants. Ce qu'il importe de leur procurer, c'est une instruction appropriée à leur état et à leur condition, c'est la faculté de pouvoir gérer et administrer eux-mêmes leurs modestes affaires, c'est surtout le moyen — sans recourir à une main étrangère — de transmettre leurs pensées et les sentiments de leur cœur à des êtres chers dont la distance les tiendrait éloignés. Ces éléments de la science humaine, le bon sens populaire — qui dit si bien les choses — les résume en trois mots : lire, écrire et compter. Le Bienheureux élargit un peu le programme et donne pour objet d'enseignement à son Institut : la lecture, l'écriture, l'arithmétique, l'orthographe et la civilité. C'est dans ce cadre modeste et suffisamment varié que doit se mouvoir l'intelligence et la sagacité du maître ; et s'il est bien pénétré de cette vérité d'expérience que l'instruction n'est pas la compression de l'intelligence, mais son épanouissement, il lui restera un champ assez vaste pour orner la mémoire et munir l'intelligence de connaissances utiles et vraiment pratiques, les seules qui se gravent profondément et ne s'effacent jamais.

Je ne dirai qu'un mot de la méthode. Elle a fait le tour du monde. Connue partout, elle est partout en honneur. Cette méthode est celle de l'enseignement simultané. Autrefois, l'enseignement se donnait successivement, à chaque enfant l'un après l'autre, isolément. Outre un énorme surcroît de fatigue pour le maître, il résultait de là perte de temps, ennui et dégoût pour ceux qui n'étaient pas l'objet actuel de ses soins. Aujourd'hui, grâce au Bienheureux de la Salle, un immense progrès a été réalisé. Le maître parle : cinquante regards sont fixés sur lui. Le maître dicte : cinquante mains écrivent sous sa dictée. Et c'est ainsi que la science arrive simultanément à ces jeunes intelligences avides de lumière et aiguillonnées par l'émulation. Certes, mes frères, organiser l'enseignement populaire, lui assigner une forme déterminée, lui tracer un programme renfermé dans de sages limites et en même temps ouvert à tous les véritables progrès, inaugurer une méthode qui est devenue celle de tous les peuples civilisés, c'eut été déjà une grande gloire pour un homme et assurément un immense service rendu à la société. Mais cela ne saurait suffire au Bienheureux de la Salle, il porte plus haut ses ambitions. Ce que veut ce prêtre, cet homme de

Dieu, ce fils soumis de l'Église, c'est avant tout un enseignement religieux. Ah ! ces enfants du peuple qu'il aime tant, auxquels il a sacrifié son brillant avenir, sa fortune, sa considération, sa santé, sa vie tout entière, est-ce que vous croyez que c'est uniquement pour leur apprendre à grouper des syllabes et à aligner des chiffres, pour leur enseigner les éléments de la lecture, de l'écriture et du calcul? Est-ce que cette mission terre à terre serait digne de son grand cœur ? C'est là, si vous le voulez, le corps, la structure extérieure de l'enseignement, mais l'âme, la vie, c'est l'enseignement religieux. Instruire, élever un enfant, c'est dégager un diamant de sa gangue. Sous ces haillons dégoûtants, sous cette enveloppe grossière, il n'y a pas seulement une intelligence capable de connaître, il y a une âme immortelle. Qui le savait mieux que le Bienheureux de la Salle? Aussi voyez comme il comprend sa tâche ! Il a affaire à de pauvres enfants du peuple ; pour eux, la vie est sombre, c'est le labeur sans trêve et peut-être la misère sans fin. Eh bien ! pour former ces âmes et, comme nous disons dans notre expressif langage, pour les élever, que leur enseignera-t-il ? Ah ! il leur ouvrira des horizons plus larges et moins tristes ; il leur montrera le ciel et les éclairera sur nos éternelles destinées. Il apprendra à ce petit enfant d'où il vient et où il va ; il lui donnera le sens chrétien de l'existence ici-bas ; et pour le détourner du mal, pour le soutenir dans la lutte, pour l'animer au bien, il fera rayonner à ses yeux les peines et les récompenses de l'autre vie. C'est au nom de Dieu qu'il lui dira : Sois obéissant, sois probe, sois doux, sois chaste, aime ta famille, sois dévoué à ton pays. Et pour lui donner, en même temps que la leçon, l'exemple du sacrifice, il lui montrera, appendu à la muraille, le crucifix, ce symbole parlant, cette expressive image de l'amour et du dévouement poussé jusqu'à la mort ! Quelle école ! messieurs, et ai-je besoin de vous signaler la portée morale et civilisatrice d'un pareil enseignement ? Quelle tâche, mes très chers frères ; et cette tâche, c'est la vôtre, depuis des années, tous les jours. Elle est obscure, elle est dédaignée ; je n'en connais pas néanmoins de plus noble, de plus glorieuse, de plus utile à l'humanité. Oui, vous êtes les artisans d'un grand ouvrage. A l'étranger, vous faites aimer la France, sa langue, sa civilisation, son dévouement, son génie, son histoire. Chez nous, en dépit des tracasseries et des vexations, vous faites des géomètres, vous faites des mécaniciens, vous faites des comptables, vous faites des commerçants, vous faites des ouvriers habiles. Cela est fort bien, mais ce que vous devez faire avant tout, ne l'oubliez jamais, ce sont des gens de bien, des hommes de cœur, des caractères virils, des chrétiens, non pas seulement de nom, mais de pratique et d'œuvre, et qui s'honorent de leurs inébranlables convictions. Et par là, soyez-en persuadés, vous servirez plus utilement notre pays, notre démocratie française, que tous les charlatans qui les flattent, les égarent, les exploitent par des phrases creuses et des théories irréalisables !...

Un jour, M. Cousin se promenait avec un ami sous les ombrages du Luxembourg. Il aperçut un prêtre qui passait non loin d'eux et, saisissant avec sa brusquerie habituelle le bras de son interlocuteur : « Mon cher, dit-il, depuis trente ans que je travaille, que j'écris, que je parle, je n'ai pas rendu autant de services que cet homme en un seul jour. » Au point de vue qui nous occupe, on en peut dire autant des Frères. Aussi quand vous les rencontrez dans nos rues, sous leur humble costume, reprenant chaque jour leur besogne obscure et souvent ingrate, les uns dans le rayonnement de la jeunesse, les autres avec leurs cheveux déjà blanchis à la peine, découvrez-vous : vous êtes devant une vie d'abnégation, de dévouement et de sacrifice. Et vous, mes enfants, est-il besoin de vous rappeler qu'envers de pareils maîtres la reconnaissance est le premier des devoirs et que l'ingratitude serait la dernière des flétrissures.

La voilà, mes frères, cette Œuvre du Bienheureux

de la Salle dans toute sa grande et sociale influence ! Les moyens sont humbles, le but est sublime. Avec un alphabet et un catéchisme transformer le monde et l'arracher à la perdition. « *Curavit gentem et liberavit eam à perditione.* »

Voilà pourquoi, mes très chers frères, Dieu vous a bénis et vous bénira encore. Quand mourut le Bienheureux de la Salle, votre Institut comptait à peine trois cents frères, vingt-trois maisons et dix mille élèves. Aujourd'hui, vous êtes répandus par tout l'univers, et douze mille frères enseignent quatre cent mille enfants. Le grain de sénevé est devenu un grand arbre sous les rameaux duquel s'abritent d'innombrables générations. Voilà pourquoi aussi une tempête d'impiété et d'athéïsme sévit contre lui avec fureur et l'ébranle des racines au sommet. Mais n'ayez crainte, si Jean-Baptiste de la Salle a été l'homme de l'Église, l'Église a pris en mains la cause de son illustre serviteur. Avec sa merveilleuse intuition, avec sa clairvoyance surnaturelle, notre grand Pape Léon XIII a saisi l'heure opportune. Au moment où des sectaires proclament l'éducation sans Dieu, il place sur les autels le grand éducateur chrétien. Au moment où la tempête secoue et brise les branches, il affermit et consolide les racines. Encore une fois, malgré les sombres perspectives de l'avenir, ayez confiance !

Une œuvre est indestructible quand, à sa base, il y a le sacrifice, le dévouement, l'abnégation et les vertus d'un saint.

Oui, laissez gronder l'orage et mugir la tempête. Cet arbre majestueux qui abrite à son ombre notre jeunesse française, espoir de l'avenir, est désormais indéracinable. Car, plus que jamais, il plonge ses racines dans le cœur de toutes les mères chrétiennes et dans la sainteté authentiquement proclamée de votre fondateur.

C'est de tous les ordres religieux, du vôtre comme du sien, que Lacordaire a dit avec son cachet d'inimitable originalité : « Les moines et les chênes sont éternels ! »

Bourges. Typ. TARDY-PIGELET.

www.ingramcontent.com/pod-product-compliance
Ingram Content Group UK Ltd.
Pitfield, Milton Keynes, MK11 3LW, UK
UKHW020530180726
13839UKWH00005B/2420

9 782329 314907